Twin Lakes

국립중앙도서관 출판예정도서목록(CIP)

Twin lakes : 김문성 시집 / 지은이: 김문성. -- 대전 : 지혜 : 애지, 2018
p. ; cm. -- (지혜사랑 ; 189)

ISBN 979-11-5728-277-7 03810 : ₩9000

한국 현대시[韓國現代詩]

811.7-KDC6
895.715-DDC23 CIP2018016528

지혜사랑 189

Twin Lakes

김문성

지혜

시인의 말

예상은 했지만 이런 글을 쓴다는 것이 어설프고 부담스럽다
여전히 낯설고 버겁다
빌려입은 옷처럼 거북하기도 하다
망설여 진다
주제넘은 끄적임이었을 뿐인데 이게 시는 신가
돼먹지 않은 주절거림인데, 버리지 못한 푸념들인데…

나의 냄새요 나의 흔적으로 좋다고 해야 하나
시인인 척 우쭐거림으로 좋다고 해야 하나
시? 이방인?
시는 잡으려 할 수록 멀리 간다
어디에 있든 이방인일 수 밖에 없는데
나는 나로써 좋다

애틀란타에서 오랜 동안 술잔을 기울이며 서로 외로움을 달래던
모든 분들께 고마운 마음을 전하며
도와주신 반경환 주간께 감사드린다

2018년
김문성

차례

2부 신, 발

3부 비의 우화

4부 찐득거리다

• 일러두기

한 연이 첫 번째 행에서 시작될 때는 > 로 표시합니다.

1부

그리움 : 아픈 기억으로

Twin Lakes

추위가 한풀 꺾였다지만
바람이 시리다

길을 사이에 두고
얼굴을 맞댄 호수는
주고받는 대꾸가 쌀쌀하다
앰한 토씨가 거슬려서
말을 잇지 못하고
수면이 할퀸 물비늘은
해석이 분분하다

이파리 벗은 나무들 멀리
새소리가 차고
계절이 제 이름을 잊었는데
움츠린 두 호수 사잇길에
바람이 주춤거린다

도시의 허기
— West End 1

망가진 가로등은
한숨이 깊고
빛 거른 벤치에
어두움이 노숙을 한다

전조등 불빛도
먼발치에 비껴가고
속절없이
탈진한 하루가
일출을 기다리는데

West End,
도시의 허기가
밤을 베고 눕다

결핍의 오후
— West End 2

끝나지 않는 긴 줄에 서서
주머니 속 아이디가 하루를 소비한다

총성으로 구멍이 난 뒷골목은
눈 앞의 주검도 맥주 몇 병과 맞바꾸고
취한 김에 되파는데
야바위가 바람 잡는 가짜가 진짜인 듯
금 입힌 목걸이에 속았거니
하면서도
반짝이는 18k가 한 동안 삶의 구실이고,
애비 없는 애를 밴 애가
키득거리는 거리에서
생존은 짧은 치맛자락 끝에 헤프고,

결핍의 오후가 몸을 판다

'마타'전철은 덜컹거리는 역사 驛舍를 모른척 하고
West End는 가발을 쓰고 쇼윈도에 걸려있다

* 마타marta : 애틀란타 대중교통 시스템.

나들이

— West End 3

긴 소매자락 밖으로
웃자란 손가락들이
양지바른데
모퉁이 돌아 만나는 네거리에
앨러지 앓는 소리를 닮을까봐
깜박이는 신호등이 빨갛다

걱정 모르는 진달래는
봄날로 피고
손가락 끝에서 해맑은데,
스쳐가는 바람에
먼 구름도 놀라고
활짝 열린 꽃잎이 불안하다

West End 찻길에
나들이는
파란 불로 바뀌기를 기다리는데

푸념
— West End 4

땅이바뀌고냄새가바뀌고말이바뀌고친구가바뀌고
오고가는정도바뀌고바뀔건다바뀌고해와달만남았나니
철창문을열어제끼고아침부터마누라얼굴쳐다보며시간을죽이는
날이면날마다밤낮이가난한동네에가게랍시고둘이끼고앉아
어쩌다손님이와도헬로우조차귀찮아서로눈치를살피다가
메이아이헬프유길게늘어뜨리고몇푼어치라도사갈낌새엔
손길이빨라지다가도돌아가고둘만남으면
당신은뭐야손님도안보고마누라의험한눈초리
그래제기럴나는뭐냐하루세끼챙겨먹고화장실가기는마찬가진데
이웃마을진이아빠처럼십팔홀은못돌아도
빈하늘에파리채라도휘둘러야지한숨쉬느니어찌타령이아니랴
비도오고눈도오지만남산도한강도없고딱한잔밤거리도없고
용하다고소문난점쟁이처녀도없고있어야할건아무것도없는
답답한일상이궁상을떠는김빠진푸념이리니
말좀해봐라이게도대체뭐하는짓거리더냐

가로수 길
— 서울기행 3

1
가로수가 머리 위에 건물을 이고 있다
바코드가 거리에 넘쳐나고
숫자들이 순서없이 길다
주소가 그럴듯한 찻집에서
가난한 연인들이 커피 한 잔으로 허세를 부리고
늘어선 바코드가 왠지 불안해 보이는데
가로수가 몇 그루인지 아무도 세지않는다

2
재미화가 김웅의 전시회가 있다는 기사다
어렵사리 예화랑을 찾았는데
화가의 작품이 젊은 여인 뒷쪽에 나른하게 걸려있다
여인의 안내로 어릴적 친구를 만나고
한때 소년이었음을 확인하고 노인으로 돌아왔다
웅이와 나는 습관처럼 다시 이별을 하고
향수를 털어낸 옷깃엔 여인의 젊은 체취가 남았다
전시장을 나서는 뒷덜미가 자꾸 두근거렸다
웅이의 추상화가 얼마인지 묻는다는 걸 깜빡했다

3
배부른 가로수가 거리를 낳고 거리는

길을 낳고 길은 골목을 낳고
아낙들이 헛 구역질을 한다
골목이 낳은 담벼락은
동강난 자투리에 지신地神을 입양하고
종일 푸닥거리를 하다가 손털고 돌아서는
길목은 불임이다
(2011년 6월 서울에서)

가발가게의 마네킹은 아랫도리가 없다

— West End 5

전생을 뒤집어쓴 가발은
턱으로 받쳐든 플라스틱 정수리가
할딱거리는데
오장육부가 허전하다
빌린 표정을 분칠하고
금지된 생명이 화려한데
속눈섭 치켜 뜬 뱃심으로
엉덩이를 흔들고 싶은 충동을 판다
숨소리를 위임 받은 마네킹은
가격표로 세 끼를 해몽하고
돌려줘야 할 얼굴로 하루를 사는데
가발가게의 진열장엔
나를 증명할 아랫도리가 없다

가을을 노래하지 마라

하늘도
깔창을 빼면
발돋움보다 높을 것도 없는데
말이 쥐뿔 나서
주절거릴 뿐

가을은
너와 나 사이에 공허하고
내가
노래할 가을은 없다

걔, 그쪽이잖아

— 서울기행 5

돌아온 시차가 어지러운데
텃밭 울타리 너머 뱀을 잡았다는 호들갑에
서울이 미끈거린다
밭이랑 사이로 전철이 스멀거리고
설 익은 풍요도
뱃심으로 볕 좋은 아파트에 똬리를 트는데
거리엔 그림자가 길다

소주 한 잔의 우정도 지하철을 갈아타고
안녕을 나누는 출구가 딱하다
—걔, 그쪽이잖아

윤리를 삼키는 뱀의 식욕이
하릴없이 편 가르기를 좋아하는데
학벌 좋은 서울은 미쳤다
지적인 경멸과 냉소가 끼리끼리 이차를 가고
서울에서 묻어온 시차가 텃밭 고랑에서 멀미를 한다

건널목의 언어 1

길 위에 건널목이 있고
건널목 위에 길이 있다
차가 지나가고 사람이 건넌다
지나가는 데도 건너고
건너는 데도 지나간다
길이 건널목이고
건널목이 길이어서
앰블란스에 실리는 사람은
멀쩡한 사람이 아니고
견인차에 끌려 가는 차는
말짱한 차가 아니다
멀쩡한 사람과 말짱한 차는
아무 일 없고
건널목은 길과 한패다

건널목의 언어 2

길이 막히면
건널목이 따로 없고
사람이 건너거나 말거나
차가 지나가거나 말거나
신호등이 저 혼자
불그락푸르락하는 사이에
누렇게 뜨는 건 나다

광화문 언저리
— 서울기행 4

정부종합청사엔 제정신인 사람이 없고
세종문화회관엔 문화랄 게 없다
미국대사관엔 촘스키가 없고
아직도 서있는 이순신은 변함이 없고
뒷전에 밀린 세종은 말씀이 없고
교보문고엔 내 시가 있을 리 없다

길 건너 당주동엔 앞길 뒷길이 따로 없고
놀부부대찌개 집주인은 형제가 없다
아파트들이 높아서 인정머리가 없고
층계를 오르면 올라선 계층이 같을 리 없고
'광화문의 꿈'은 꿈이 없고
'경희궁의 아침'은 아침이 없고
영수녀석이 살던 아파트는 찾을 수가 없다

어딜가나 도떼기시장 아닌 곳이 없고
돈 놓고 돈 먹는 임자가 따로 없다
동대문시장은 싸구려 아닌 것이 없고
남대문시장은 뺑 아닌 것이 없고
신세계백화점은 성희엄마가 실속 없는 단골인데

남산은 오를 시간이 없고

한강은 유람할 돈이 없고
청계천은 혼자 걷자니 재미가 없고
숭례문은 가림막 속을 볼 수가 없는데
내 눈 한쪽은 뵈는 게 없다
(2011년 6월 서울에서)

* 촘스키: Avram Noam Chomsky.
* 광화문의 꿈, 경희궁의 아침 : 아파트 단지 이름.

그 밖의 봄

그 밖의 봄이
꽃잎으로 찾아와
웃는 문법이 뻔뻔해서
달리던 프리웨이가
차선을 심히 더듬더이다

출구를 놓치고
숫자가 자유로운 찻길이
고추 먹고 맴맴 돌더니
단어 하나가 매워서
허리춤에 숨겨 둔
서러움을 지리더이다

그놈의 악다구니
— West End 6

—그따위로 싸게 팔면 어떡하냐구
잃어버리는 게 얼만데 남이야 죽든 말든 저 혼자 살겠다는 거야
이게 맨날 무슨 지랄이냐는 지청구다
내 손님이 네 손님이고 네 손님이 내 손님인데 그놈의 악다구니는
어처구니없는 하루를 갈라먹기에 바쁘다
'머리'에 '가락'을 덧붙이고 땋던가 엮는
터럭 몇 가닥 벽에 걸어 놓고
몇 집 건너 서로 헐뜯는 '아름다운' 생업은 웨스트엔드에서 애꿎다
가발은 보이지 않고 민머리 마네킹만 굴러다니는 날은
하루 일당이 반토막 나고
저녁에 한 잔 하는 핑계가 궁색하다
—때려쳐야지 못해 먹겠다구
해도 해도 너무 하는 게 아니냐는 푸념인데
땅거미가 기진하고 가물에 드는 손님도 구차스럽다
—헬로우, 메이 아이 헬프 유 맴
의미 없는 말투가 턱 밑에 늘어지고
두 동강 난 하루는 술맛 당기는 서사敍事가 위안이다

그리움: 아픈 기억으로
— 서울기행 1

누구나 앓고 있다기에 말 없이 떠났던
문가에 무심코 섰는데
지독한 설렘이 혼란스럽다
엇나간 사랑이거든 잊으라는 채근이었는데
꾹꾹 눌러 담았던 부피가 그토록 무거웠나

다른 언어로 꽃잎을 여미는 들풀들이
그대로 서있는 것도 버거운
차타후치강가엔
아침이 낯선 풀벌레가 우는데

나이 먹는 밤이면
해진 날개를 퍼덕이지만
바다를 건너지 못하고
회항하는 25년은
답동 48번지 그 본적의 둔덕도,
굴레방다리의 서울 그 복개된 개천도,
없다

누구나 아픈 것은 아니었나 보다
오만한 광화문의 초여름은
아픔을 기억하지 않는데

아물지 않는 상처는 뻔뻔한 더위에 젖고
알몸으로 망둥이 잡는 유년의 개펄이
철없이 질퍽이다니
(2011년 6월, 서울)

꽃이 꽃으로 피기를 주저하지 마라

끈적한 입맛이 봄을 헤집고
햇살이 더부룩하다고
꽃이 꽃으로 피는 걸 망설이더냐
제 그림자 등 뒤에 봄볕이 늘어지고
바람 없는 날,
울담 밑인들
그늘에 피는 꽃을 탓하지 마라

울분하던 별내에
꽃잎 툭툭 속이 터지고
아린 가슴 하나 묻었다만

봄날에
꽃이 꽃으로 피기를 주저하지 마라

꽃이 벗꽃

창 밖, 나무의 봄
그 가지에 핀 꽃
꽃 옆의 꽃 또 꽃
그리고 꽃, 꽃, 꽃, 꽃,
꽃, 그 잎에 부는 바람은
흔들리는 햇살이 미안한데
꽃과 꽃
그 옆의 꽃이 다 벗이려니
벗의 ㅅ이 사람 같아서
끼리끼리 모이면 ㅆ인걸
어감 대로 욕이면 어떠랴 싶지만
사람의 염치가
꽃 가지 한 가닥 머리에 이고
ㅈ이라 받침이 좋아
꽃이 벗꽃
아, 그 명성 만큼이나

나는 오늘 실컷 욕이나 하고 싶다

자칭 기자들이 모인다기에
주제넘게 기웃거렸더니
그럴 듯한 간판들이
앞 자리를 차지하고
맛깔 좋은 안주감 주물렀다는
젊은 영사의 넉살에 취했는데

엉큼한 궁정동 안가에서
시바스 리갈 한 잔에 총알이 익사한
그 추악한 음모를 잊었나

옷깃에 매달린
이름표를 줄세우고
싸구려 양주 한 병씩 꿰찬 허세로
속 빈 술내를 풍기더군

나는 오늘 실컷 욕이나 하고 싶다

나는 부재중인데

바다에 가지 않아도 될까
팽목항에 가지 않아도 될까
울며 돌아서지 않아도 될까

나는 부재중인데

행간이 채워지지 않는다는 걸
다 아는데
얼마나 많은 생략이 묻혔나
그 빈 곳에
바다가 침몰하고, 뱃바람이
기우는 주검을 세는데

어디에도 없는데

가슴이 미어지는데
흐느끼지 않을 수 있을까
울부짖지 않을 수 있을까
슬픔이 새까맣게 타는데
누구 하나 알지 못해도
다 아는 말투인데
진실이 바다에 잠기는데

>

어디에도 없는데

누가 힘겹게 조화弔花를 들었는가
누가 솟구치는 눈물을 삼키는가
누가 찢기는 아픔을 달래는가

파도를 원망하려거든
행간의 침묵을 의심하라
비어있는 곳의 음모이리니
분, 노, 하, 라

아, 나는 부재중인데
(2014년 4월 어느날)

2부

신, 발

나무를 떠난 잎

헛 배운 나이를
질퍽거리다
종로 뒷골목을 등진
이별이
미련 두지 말자고
뒤돌아보지 말자고
그러자고 다짐했는데
나무를 떠난 잎
하나가
바랜 땀 훔치며
가을을 태우는 망향이
시리다

낙화

잎 마른 꽃가지에
저녁 노을 지우고
파르르
이별을 무는
너는
밤으로 피는
응어리인가

낱장마다 여무는

하늘은 일찍이 키를 높히고
물 밴 구름도
탈탈 털어 말갛게 말리려니
머쓱한 여인은
파란 연지라도 바르려나
더위 가는 소리에 말귀는 어두워도
안달이 난 입심은 벌써
한계령 오르는 길에 단풍이 지겠구나

아침녘이면 식은 바람이 안쓰러워
코스모스는 꽃말로 피우고
낯선 색깔로 바랜 날씨가 쓸쓸한데
맵시 좋던 정동 길 가로수는
책갈피 속에 납작하구나
손끝에서 계절을 타는 언어는
자판 위에 한글 철자로 얹히는데
사전을 뒤적이는 낱장마다, 여무는
가을이 숫접구나

너와 나

당신이 당신 집에 전화를 걸었는데
당신이 전화를 잘못 걸었을 리는 없고
떡 하니, 내가 전화를 받았으니
왜 내가 당신 집에 와 있는냐는
당신의 항변이 당연한 것은,
내가 전화를 받은 것이 잘못이기 때문이다

눈

별러서 오는가 보다
기다리던 침묵이 흩날리고
소리 없는 음절이 어휘가 되어
온몸으로 수화手話를 한다
안달할 것도
무심할 것도 없는
오랜 기다림인데
벼르던 진실이 언어가 되고
하얗게 나부끼는 하늘이
말없이 시어詩語를 엮는다

댁은 아직 씹을 만 합니까

잘못 씹었다간 자칫 옆으로 눕기가 십상이오
화가 난 잇몸은 부아가 오르고
맛깔나게 먹어보려다가 낭패보기가 일쑤라
뽑아버릴까 궁리를 해 봤지만
돈 들이기가 아깝기도 하거니와
멀쩡한 것이라곤 몇 개 남지도 않아서
이것 마저 없애 버리기엔
이만저만 아쉬운 것이 아니었으니
기껏 먹방이나 돌려 보며 씹는 둥 마는 둥 하다가
맘 놓고 씹을 수도 없는 이놈 하나
어떻게 건질 수 없을까 고민하고 있소만
댁은 아직 씹을 만 합니까

더러운 봄

해외이주개발공사 침침한 방이었을 터
시경 외사과 형사라는 멀쩡한 친구가
해외에도 자기네 식구들이 깔렸다나
너희는 잠재적 범죄자라는데
떠날 사람 떠날 줄 알면서
잘가라는 인사였나 빌어먹을
1984년의 봄은 더러웠다

얼마나 망설였나
훌쩍 떠나기에는 허무했는데
해가 바뀌고 몇 날 며칠을 주저했는가
네가, 이럴 줄이야
너를 탓하기엔 나는 너무 초라했다
대폿집에 앉아 울분을 단숨에 마시고
가자,
떠나자
깍뚜기 한쪽이 입안에서 매웠다
뒤돌아보지 말자고,
미련을 버리자고,

종로 5가 매스꺼운 골목엔
애 떨어지는 약 광고 밑에
가위가 입을 벌린 소변금지가 유난히 많았다

뒤뜰의 오후를 박음질하다

둘러선 수풀과 어우러진 잔디밭이
울타리 사이로 성긴 마음을 건넨다
햇볕이 널찍이 자리를 깔았는데
꽃잎은 응달에서 시들하고
안면 없는 바람이 낯선 잡초는
추근대는 새 이름 맞추기에 바쁠 뿐
돌아갈 고향이 따로 없다
옆집 영감이 잔디 깎는 풀내와
동네 밖 호수의 물비릿내가 엇물리는데
마음이 구멍난 방충망 사이사이에
무당벌레 한 마리 날아와
한풀이하듯
뒤뜰의 오후를 박음질하고있다

띄어쓰기가 불안하다

입에 밴 말이 종종 말썽이다
애매한 어휘는 맞춤법을 뒤적이게 하지만
제 깐에 익숙한 듯하면 그냥 넘어간다
뭘 붙혀야 하고
왜 띄어야 하는지
네이버 사전을 닦달하며 근근이 체면치레를 한다
소리가 글자로 버틴다는게 쉽지 않아서
어디서 붙여야 하고
어떻게 띄어야 하는지
곧잘 거리감의 위세가 글발의 의미를 뭉갠다
누구는 잘 붙어있다가
언제 떨어져 지내야 할지 몰라 뒤죽박죽인데
띄어 살기가 말 같잖다고
주책없이 다가가다간 말싸움의 씨가 된다
고집스럽게 맞붙어 지내던 금슬琴瑟도
요령껏 처신해야 하는 띄어쓰기가 불안하다

팔리지 않는 오늘
— 매듭 1

나방은 주검으로 날고
가격표는 의미를 지우는데
구석진 쇼윈도에
오늘이 저문다

어둠이 어둠을 낳는
밤은
날이 새지 않아도
내일을 마련해야 하는데

흥정할 새벽은 오지 않고,
미명未明을 기다리는 목마름을 어쩌랴

아, 분지
— 매듭 2

주고 받는 말도 산아제한에 시달린다
할 말은 못할 말이고 못할 짓은 할 짓인데
간판이 그럴듯한 지성은 몸 팔기에 바쁘다
줄을 잘못 서면 되는 일이 없고

선우휘가 용공으로 매도하는
객설이 아니어도
'桂선생'이 어이없이 쫓기던
나의 작은 골방은 때없이
추웠는데…

핫츠필드 공항에 되바라진 감투들이
콩코스 A와 콩코스 E 사이를 들락거리며
이름 팔아먹기에 여념이 없고
뷰포드 한식당이 심심찮게 귀향하는데
경상도도 전라도도 귀퉁이마다 방언이다

그 많은 남정현은 여전히 糞地에서 허우적거리고
공항마다 이민 수하물은 똥내가 물씬한데
그린카드의 욕실엔 맹물 뿐이라니
아, 빌어먹을

모퉁이, 사랑

"먼 훗날 어느 모퉁이에서 마주쳤을 때
'그때는 사랑했었노라'고 말할 수 있을까"

*

그때를 멀리 이별하고
실감할 수 없어도
이때가 그때의 먼 훗날이려니
한 줌 달빛이 그때를 찾아 나서지만
어디에도 없는 모퉁이가
사랑을 지웠구나
시간을 뒤척이며 헤맬 거라면
그때를 떠나지나 말 걸
애당초 모퉁이를 사랑할 걸
그럴 걸, 그렇잖소

목요일 밤은 어깻죽지가 뜨겁다

'목요일 밤에 만나요'
그냥 지나치려니
사는 게 어쭙잖아서
하루가 저무는 길녘에
안녕을 주워 담는다

지난 일주일이
'코너카페'에 마주앉아
맥주잔에 입담을 헹구며
자맥질하는데
까칠한 메뉴가 맵고

핫윙이 어둠을 통일하는
유니온 시티에
남은 시간이 돌아가는
목요일 밤은 어깻죽지가 뜨겁다

도둑고양이가 퍼질러 놓은 밤이
공짜로 취하는데
가로등이 자정을 넘기 전이면
아슬아슬한 내일이
식은 날개를 퍼덕이며

날아야 한다고
훨훨
날아야 한다고

바이bye, 겨울

날씨가 시큰둥하고
덜 춥거나 더 춥거나
오르락내리락하더니
감기가 딱이다

늦겨울은
하루가 빈둥거리는데
올 듯 말 듯
감질나는 봄 소식이
얄밉다고,
오거나 말거나
모른척 하더니
쿨럭쿨럭
이 망할놈의 기침
누구,
좀,
말려,
줘

뒷간에서
— 발 1

입에 올리기가 더러워서
에둘러 낚시질 미끼를 불러내
잠깐이나마 이미지를 윤색해야 하는데
스멀스멀 기어오르는 폭력을
어찌하랴
쭈구리고 앉기가 곤혹스러운
뒷간에서,
발은 희멀건 구더기가 두렵다

발바닥

— 발 2

울분이 패인 자국은
거나한 내력을 가늠하는
발버둥이다

뒷꿈치가 맹숭맹숭한
발바닥은
어쩌다 술 거른 맨 걸음에
신을 벗을 면목이 없다

신, 발
— 발 3

발의 우화:
고무신 운동화 구두
군화, 군화, 군화
버선 양말 스타킹
맨발, 맨발, 맨발
거지
발싸개

발, 냄새
— 발 4

긴 발톱으로 크는
발가락은 그 네 개의 사이사이에
때는 때대로 어우러지고
땀은 절어서 냄새로 군림한다
때 만난
독재자처럼

밤, 노숙하다

밤이 눕는다

외로움조차 숨죽인
고요가
어둠에 취해
둔한 능청으로
밤의 속곳을 들춘다

한데서 오래 묵은
잠자리는
따끈한 가락을 잊었는데

밤은
깜깜하고
그 배꼽 밑엔
볼 것이 없다
진짜다

베짱이의 삶

켜는 소리가 낯설고
연주가 번번히 어설프다
더듬이가 젖는 아침이 안쓰럽고
리허설 없는 내일이 불안한데
풀잎이 무안해서
바람은 모른 척 흔들리는가

여름이면
더위를 사는 셈법이 서툴러서
깽깽이가 포르테를 낭비하고
밥줄을 바꿔야 하는데
유효기간이 얼마 남지 않았다

이솝의 편견을 탓하랴

유난스레 미련이 찐득이겠지만
베짱이의 삶,
그 여분의 계절은
살아 있는 이유만으로
우화를 버려야 한다

봄, 봄

1
계절이 방치된 지붕 위에
햇볕이 나른하게 눕는다
반쯤 감긴 졸음이 처마 끝에 걸리고
노곤한 오후는 주차장 언저리에서
도시의 해동을 본다

2
아지랑이 너머
출렁이는
나비 한 마리
굴절하는
난시

주름진
속사정 녹여
껍질을 벗는
애벌레의 날개
어른거리는
착시

착시와 난시 사이

몸으로 부는
바람, 결에
흔들거리는
눈이
봄, 봄

3부

비의 우화

봄이 추워 봄이 아니다

한 무더기의 부럼이 액운을 쫓는다
덤으로 '입춘대길'을 세일하고
매대賣臺마다 쥐불놀이가 한창이다
육곳간엔 살집을 키운 복이 널렸다
패딩점퍼 안에서 겨울이 해동하지만
카트를 미는 봄동은 손이 시린데
계산대엔 계산할 절기가 따로 없다
보름달은 식품점 지붕 위에서 둥글고
주차장엔 바퀴 달린 독감이 콜록거린다

봄이 추워 봄이 아니다

불통의 거리

— West End 7

성치 않은 동전들이
공중전화통에 들어앉아
고래고래 소리 지르다가
욕지거리로 끝맺는 불통의 거리
웨스트엔드,
어미 따라 온 아이는 혼자
전화를 걸기도 하고 받기도 하면서
어른들이 싸지른 말들이
서로 아파하는 것을 엿듣는다

이별은 둘이다
— 비 1

따로 우산을 펴면
비는 우산을 따라 돌아서고
발걸음이 길을 나눈다

되돌아서고 싶은 미련이
가로등 불빛에
시선을 놓치고, 멀리
뒷덜미는 우산 속에서 망연한데
불빛에 젖는
이별은 그림자가 둘이다

여우비

— 비 2

제 그림자 등에 업힌
구름이
해를 눙치는 잠시
지레 놀란 날씨가
찔끔,
오줌을 지린다
인연 없이
지나치는 뜨내기 같이
언뜻,

여우비
그리고 햇살이다

비 또는 빗
— 비 3

빗(비),
소리도
바람도
청각이 실세다
안 봐도 알 만하다
나머지는
빗,
물이거나
방울이거나
줄기이거나
발이거나
살이거나
생각이 나면 나중에
눈에 보이는 또
비(빗),
그 무엇이거나
어쨌든 비는
자음을 만나는 사이-ㅅ,
소리를 낳는
ㅅ으로 맛을 내거나

맹물
— 비 4

가뭄 끝의 단비도
말이 그렇다는 얘기지
간하지 않은
맹탕이다
딱, 내 입맛이다

친구 인환이랑
술에 취해 울분하던
못된 시절, 오죽하면
인환이 부친 말씀이
너도 맹물이냐

기다리던 비가 반가워
단비라지만
말이 좋아 그렇지
맹물이다
딱, 나다

바람의 일기
— 비 5

2014년 4월16일
시커멓게 구멍난
먹구름이
하늘을 쏟는다
주검이 파도치고
증인은 퇴적층 밑에 묻혔다
볼 수도 들을 수도 없는
시간은
텅 비었다

공짜다
— 비 6

구름을 이고 다니다 힘에 부치면 비를 내려놓는다
잔뜩 찌푸린 얼굴이 시커먼 무게를 견디지 못하고
너덜거리는 폐축사 지붕 위에 바람을 내동댕이치기도 한다
천둥과 한통속이 된 온몸으로 땀을 쏟기도 하는 빗발은
열정페이라나 뭐라나 한 푼도 받지 못하고 공짜다
물난리의 못된 음모가 들통이 나고 날이 개면 비는 훌쩍 떠난다
심통이 난 구름 한 점이 홧김에 바닥 마른 가뭄을 머리에 인다
젠,장,맞,을

바뀐 팻말이
— 비 7

빨간 신호에 메들락브리지로드가
애봇츠브리지로드를 만나는 동안
오던 길은 가던 길과 마주치는데
네거리에 내리는 비는
신호가 바뀌고
내 차 후드에 올라 탄다
중앙분리대에 떨어진 낙엽은
이쪽인지 저쪽인지 줏대가 없고
차창과 와이퍼 사이에 가을이 끼었다
프리웨이400번은 바뀐 팻말에 놀라
'커밍'* 출구에서 잠시 주춤거리지만
나는 가던 길을 달리고
빗길은 자유가 조심스러울 뿐인데
바뀐 팻말이 까닭 없이 의뭉스럽다

* '커밍' : Cumming, Ga.

1월로 핀 꽃

— 비 8

가로등 불빛이
드라이브웨이에 질펀하고
홈통을 치근대는 빗소리가
창문을 두드리는데

방으로 들어와 핀 꽃이
벽에 걸리고
빗줄기마다 투덜거리면
이 밤, 잠귀가 밝은데
1월로 핀 달력을 탓하랴

꽃잎에 젖은 근하신년이
자다 깨다 하는데
밤비는, 잠결에
봄의 갈피를 여는구나

겨울, 비가 오다
— 비 9

이번에는 눈이 오나 했는데
또 비다
때 모르는 비가 철이 없는데

뚝섬 넘어 봉은사 가는 진창길은
바짓가랑이에 푹푹 빠지고
겨울의 연정戀情이 흠뻑 젖었다

빗소리가 질척거리고
하루가 지루한데
비를 잊을 만한 겨울이
빈 진창길에
버려진 그리움을 줍는다

풍차의 계산

— 비 10

추적이는 비가 유리벽으로 들어와
white windmill을 뒤집어 읽는다

'open' 사인이 축축한 시간을 붉히고
제풀에 눌은 빗물이 아메리카노를 우린다
바구니에 고인 빵맛이 눅진한데
차림표에 기댄 풍차가
날개에 멎은 바람을
서둘러 계산기 밑에 구겨 넣는다

커피 한 잔에 날씨가 젖는 오후
궂은 유리벽이 우산을 펴고
계산이 덜 끝난 빗소리가 문틈에 끼었다

맥다니엘 팜 팍McDaniel Farm Park*

— 비 11

오는 둥 마는 둥 오려거든
산책길 따라 풀숲 축이다가
훌쩍 가면 된다만
마구간 앞,
다리 밑 마른 시내에
불쑥 찾은 소낙비이거든
어제의 기우제가 내린
위로라고
쥐똥나무에 사연을 적고 가렴
맥다니엘 팜 팍 오랜 처마에
빗자국으로 남고 싶거든
지붕 위에 흐르는 빗물되어
주룩주룩, 옛 농막 창가에
눅은 체취 꿰고 싶다고
678.277.0906에 전화 해야 잖니

* McDaniel Farm Park(맥다니엘 팜 팍) : 조지아 둘루스에 있는 옛 농가를 보존한 귀넷 카운티 관할 공원

비는 비이거니

— 비 12

모처럼 오는 비가 호되다
하늘을 긁는 소리가
빗발을 세운다
다듬지 않은 바람결이
빗줄기를 거칠게 엮는다
싸리비를 닮았나
마디마디가 투박하다만
아무렴, 비는 비이거니
질척이는 눈가에
아픔이 마르지 않거든
봄비,
이참에 싹 쓸어가다오

비의 우화

— 비 13

남자는 문 밖을 내다보며
그저 비가 오겠거니 한다

처마 밑에 쉬어 가는 잠시
비는 창문 안에 젖은 남자를 본다

구석구석 빗물이 고인 남자는
비가 멎겠거니 한다

비는 바람에 뒤집히고
남자는 유리창 안에 일그러진다

빵집에서, 오후는

커피 한 잔으로 신문을 편다
헤드라인만 요란할뿐
늘어놓은 의미가 맹랑한데
어이없는 랩음악은 스피커를 닦달하고
영문 모르는 빵 냄새가 널을 뛴다
독자를 우롱하는 질펀한 만화는
뻔한 픽션을 슬쩍 모자이크 하고
기사는 버릇처럼 진실을 편집하는데
어림없는 수작이 속 보인다

빵집에서,
빈 오후는 한 잔 리필이 쑥스러워
눈치껏 행간을 해독한다

색다른 언어

— West End 8

졸다가 놀란 벨소리에
핑계를 둘러대는 말 같잖은
말,
나는 있어도 없으니
너 혼자 실컷 지껄이라는
자동응답기의 희롱을
어쩌랴

입술이 근질근질한
West End는
전화통에 악다구니 치기 전에
싸구려 립스틱이라도 발라야 하는
색다른 언어를 안다는데…

색깔을 말하다

구멍 난 생애가 욱신거리고
마른 손으로 병색을 가린 채
해질녘이면
나이를 앓는다
몰골이 파삭하고
무릎마디가 해졌는데
속옷 벗는 바람이 휑하다

빨갛거나 노랗거나
색 바랜 표정이 허허로운데
잎 마디가 시린 나무는
등 굽은 계절이 섧다
쇤 가지에 추위가 서리면
무색하게 떨어지는
어느 잎도,

이름값으로 근근이 견디는
단풍,
아름다움이 퀭하니 늙었다

세상은 네모다

고집스러운 시간이 각지고
귀퉁이 마다 모났다

닳기를 기다리지만
어깨쭉지가 툭 불거지고
무딘 몸이 애먼 혈압약만 추근댄다
마땅히 갈 곳 없는 오늘은
커피 한 잔으로 홀짝이다가
리필조차 한가해서
네모난 유화로 종일 벽에 걸려있다

세상이 미쳤지,
둥글지 않아서 자전하지 않는 화폭은
모서리가 아찔하고
붓질마다 사각이 막혔다
벽에 걸린 하루가 지루하게 나를 소비하고
세월이 실컷 빈둥거리는데
무가지 몇 장으로 h마트 앞에서 앵벌이 하던가
빵집에 앉아 자판 두드리며 비럭질하던가

세상은 네모나고
나는 하릴없다

시가 시고

쓴시가시면
안쓴시도시려나
단시가시면신시도시고
시는시고몹시도신데

깜박,
지갑을 두고 나온 외상 커피 한 잔에
입맛이 쓰고,
건망증이 안 쓴 시를 뒤집어
쓴 시가 시, 시한데
시는 시고 역시도 시다

시차도 커피는 마신다
— 서울기행 6

어제를 물고 있는 오늘이
내일에게 물린다

열리지 않는 창문은
가리개가 낮과 밤을 가늠하고
시간을 거래하는 음모는
오늘이 오늘이기를 거부한다

시간이 시간을 후리고
어제와 내일이 공유하는
오늘이,
오늘인지 의뭉스러운데
가린 창문에 코가 꿰인 시차는
아침이 없는 이튿날
모닝커피를 마실 수 있을까
(Sept. 2015, 인천)

4부

찐득거리다

오월의 꽃

오다가 멈춰 서고
꽃망울을 달랬어야 했는데
응달의 등 뒤에서
봄볕을 탐하지 말아야 했는데
속살을 활짝 젖히고
세상을 여는구나

봄, 화창한 날
담장 넘어 부추기는 욕망이
꽃향기를 할퀴다니
총부리 같은,
몹쓸 망발을 어쩌랴

오월은 아픈 생채기로 피는구나

외눈, 그 바다를 만나다

훌쩍 떠나면 바다를 만나는데
방구석에 뒹구는 묵은 걱정이 질척거렸다

보이니까 보고 보니까 보이는
바다가 눈 앞에 빤해도
못 본 체 하면 그만이고
외눈은
딴청 부리기도 바쁘다

간다는 것도, 안 간다는 것도, 아니면서
머뭇거리던 세월이
티부이 채널을 소비하고 있었다

바다가 자꾸 옆으로 눕고
오락가락하던 말이 멀미를 하는데
화면은 어안이 없다
희망은 마침내 가라앉고
위안은 마땅한 단어를 찾지 못한다

외눈은
망서림을 접고 이륙했는데
이리저리 몰려다닐 시간표가 내키지 않고

화면에 기울던 배는 부두를 기억하지 않는다

바다는 손 끝에서 애절하고
시야 밖에서 아프다
파도는 보이지 않는 곳에서 쓸쓸하고
침몰을 증언하지 않는다

시간에 쫓기는 식욕은 식당에서 자리다툼을 하는데
창 밖엔 바다가 아득하다

구명대는 체온에 시달리고
멈춰 선 시간이 주검을 삼킨다
항구는 밀물을 잃고
슬픈 티부이는 울 수가 없다

횟집마다 숨 죽은 아가미가 즐비한
바닷가엔 고깃배가 나태懶怠하고

생존은 눈 밖에 있다
세월에 부는 뱃바람은 나른한데
외면 당한 슬픔은 눈물이 없다
외눈이 마르고,

시야는 깜깜하다

시간표는 배 부른 후식을 즐기는데
바다엔 '안녕'이 춥다

화면이 서서히 마르고
뒤집힌 바다는 갈증에 허덕인다
새카맣게 태우고도 모자라서 파도가 분노를 삼키는데

뵈는 것 없는 또 하나의 눈,
그것으로 '오늘'을 통째로 비웠다

이별은 온기 없이 누웠다

광목 한 필을 머리에 이었던가
둘둘 말아 등짐을 했던가
끼닛거리를 구해야 하는데
살아남아야 하는데
고갯마루를 오르는 엄마의 먼 발치에
따발총 소리가 풀썩인다

준비된 침상위의 생애는
오래 전 부터 누워 지내고
쭈빗거리던 나의 불효는
풀썩거리는 따발총 소리에
엄마의 젊은 얼굴을 본다
광목은 한 필의 무게를 내려놓으며
근근히 생명을 이었는데
남은 한 끼니 힘겹게 숨을 몰아 쉰다

가마니 두 개를 잇댄 넓이로
굶주린 피난살이는 국제시장에서 붐비고
벌건 고기의 살점이 유난해서
넋잃은 허기가 손길을 놓는다
엄마의 체온을 움켜 쥐고
비로소 나는 육이오와 작별해야 한다

>

이별은 온기 없이 누웠다
둘러선 근조謹弔가 눈물을 달래는데
슬퍼하지 않겠다는 나는 건방지다
모자의 인연을 하늘에 묻고
별빛이 애절한 밤이면
몰래 나는 울겠지
나는 따뜻한 손의 의미를 잃고
엄마—
엄마 어딨어—
(어머니 기일에)

종로는 여전히 종로에 있고
— 서울기행 2

밤낮없이 시위하는 거리에
깔린건 죄다 의경들 뿐이고
길을 건너려다 꼼짝없이 갇혔다
외쳐 대던 '반값 등록금'은 지레 겁먹었는지
이미 반쯤 거덜이 나고
빠져나갈 틈바구니는 어디에도 없다
간신히 흥정할 만한 구석엔
기자들이 질금질금 웃음을 지린다

버스
또 버스
잇댄 장막
세종로 네거리
그날의 건널목을 지나야 하는데
신호등은 멀리서 막막하고, 기껏
나
좀
가자

종로는 여전히 종로에 있고
을지로는 여전히 을지로에 있고
길과 길 사이 여전히 울분이 흐르는

청계천은 기가 막혀서 뚜껑 열리고
(2011년 6월 서울에서)

지루하다

시간에 쫓기던 그때도 지루하다는 생각이었다
세월이 빠르다고 하니 그저 그러려니 했다
쏜살 같다고도 하고 눈 깜짝할 사이라고도 했다
언제부턴가 그게 과연 빠르긴 빠른 건가 했는데

빠르다는 말이 너무 막연했다
더 빨라야 하는 것은 아닐까 하는 생각이었다
빠르다는 말은 이미 의미를 잃었는데
'쏜살'이나 '눈 깜짝할 사이'로는 어림도 없는 속력이어서
몇 배 탄력을 높혀 '쏜살'이거나
뜬 눈으로 '깜짝할 사이'를 뛰어넘어야 할 것이었다

그 빠름이 너무 빨라서 몇 세기 쯤 앞질러 살고
가까운 화성에 마실 갔다 돌아오는 길에
달에 들러 한 잔 걸치는 일상은
태평양 건너 쯤이야 이웃집일 것이었다
빠름은 눈이나 가리는 은유隱喩가 아니고
기껏 눈이나 가린다고 현실이 바뀌는 것도 아닌데
세월을 뒤집어 봐야 시간이 누워있을 뿐이라는 생각이었다

눈 깜짝할 사이는 느려 터지고
과녁 없는 쏜살은 빠르기는 커녕 시간에 구멍이나 뚫는

게 일이다
더 빨라야 하는데 빠르다는 말이 감당할 수 없고
빨라야 하는 만큼 빠르지 않다면 도리어 느릴 뿐,
말이 말이 아니라는 것이었는데
느리다 못해 답답해서 지루하다는 생각이었다

'더' 빠른 것 보다 '덜' 빨라서 지루할 수 밖에 없다는 생각이어서
빨라야 할 만큼 빠르지 않은 '빠르다'는 말이 불안했다
빠름은 '더' 빠름의 '덜' 빠름일 뿐인데
그 빠름은 더 빠르지 않아서 지루하고
몇 세기 앞서 사는 오늘은 더 빨라야 하는 만큼 빠르지 않아서
그 답답함이 나를 내버려두지 않았다

' 빠르다'는 말은 '지루하다'의 다른 말일 뿐인데
시간은 바다에 매몰되고 세월은 버려진 채 지루하다는 것이었다

찐득거리다

닫힌 창문이 달아오르고
끈적거리는 숨소리가 벽에 눌어 붙었다
땡볕의 발치에 물구나무선 실링팬은
느려 터지고
조각난 하늘은
창틀 사이에 목이 탄다
멱 감던 알몸은 우이동 계곡에 갇히고
땀에 찌든 식욕이 끼니를 탓하는데
화장실 물 내리는 소리만 속이 시원하다
구닥다리 선풍기에
맥 풀린 여름이 할딱거리고
에어컨은 하릴없는데
더위 먹은 엘니뇨는
사타구니가 눅진거린다
통풍구가 찌는 날, 시간은 고장이 나고
푸념마저 찐득거린다

춥다

바람이 주저앉는
가지 사이로
달력이 나이를 먹는다
빈 하루가 달을 채우면
된서리가 마침내 익숙하고
또 한 해
일 년이 정처 없다
굴뚝을 어르지 않아도
온다는 봄은 멀고
한 살 거저 먹은 나목裸木은
풀기 없는 계절이
춥다

콘크리트의 에로티시즘
— 서울기행 8

시멘트가 모래밭에 높이를 쌓고
한강이 뭍에서 유람하려나

모래도 자갈도 한몸으로 어우러진,
이겨 바른 욕망을 염려하나니
빌딩마다 배설물이 훤히 넘치고
매끈한 몸매는 금이 가는 줄 모르는데
망가진 자유가 대가를 지불하는
러브호텔은 사랑이 병들었구나

다리 건너 압구정동 포장길에
코 높힌 시멘트로 손질한 느낌이 즐비하고
덜어낸 육즙이 번들거리는 건물들,
얼굴이 하나같은 아파트들, 들, 들, 들,
네모나고

겉 꾸민 만용이 불뚝거리는 도시는
쌍꺼풀로 두덩이 움푹지는데
맨땅은 보이지 않고
숨소리가 깊구나
서울은 물기가 부피를 채우지 못하고
길쭉이 팬 그늘에 풀잎 혼자 목마른데

파랗게 피우기 위한 신음이 아프겠구나
풀꽃 한 잎인들 어떠랴
속살 깊숙히 생명을 잉태하라

덧 바른 미모가 뭉글어지고
뜯어고친 육감도 갈라지는데
돌은 돌로 가루는 가루로 부서지기를 기대하는가
회색이 예쁜 콘크리트는
무게를 견디지 못하고
벌어지는 틈, 사이에 맺힌 이슬 한 방울이 희망이리니

콜 마운틴의 겨울은

군불 지피는 냄새가 하얗게 서리고
이웃 목장 소 떼들 울음소리는
굴레방다리 복개천 밑에서 동면을 한다
버려진 닭장은 추위를 비켜가는 여유가 있지만
무게를 견디지 못한 밤은 아무데서나 얼어붙고
밤의 냉기가 잔뜩 웅크린 채 날을 샌다
고가高架가 끝나는 둔덕길은 이대 앞에서 미끄러지고
준비되지 않은 빙판은 찻길마다 휴일이 갑작스럽다
어른들의 휴식이 놓칠 수 없는 아이들 놀이터가 되는데
스쿨버스는 운전수가 쉰다
콜 마운틴의 겨울은 아현육교를 건너
맷 하이웨이 골바람 타고 초등학교에 머물다 간다

타인의 언어

애초부터 내 것이라곤 없어서
실컷 쓰다 버려진 흔적들이거나
쓰레기통에서 주운 찌꺼기이기도 하고
타다 남은 잿더미 속 건더기이기도 하다

삐쭉거리는 입 모양에 실소를 익히는가 하면
아는 표정에서 얼굴을 읽기도 하고
모난 소리를 모른척 주워 담기도 한다

책갈피에서 글자를 훔치기도 하는데
닳고 닳은 글도 모양대로 골라서 앞뒤 철자들을 잘 꿰맞추면
쓸 만하고
버려진 의미들도 추려서 명언처럼 써먹는다

프로필이 그럴싸하면 흥분하기 일쑤여서
구겨진 레토릭도 날 새기를 기다려 베껴 쓰기 바쁘다

갈겨 쓴 어휘들은 느낌대로 해석하면 그만인데
주워다 어림잡기도 하고 빌려서 보태기도 한다

돼먹지 않은 궤변을 이쪽에서 저쪽으로 퍼나르며

작당하는 재미에
키득거리며 익숙해지기도 한다

미처 감을 잡지 못한 감정의 갈래들은
급한 대로 마누라 몰래 며느리 한테 꾸기도 하고
속이 탄 나는 남의 속내 조차 슬쩍한다

허튼 문법으로 뒤범벅이 된 이 글도
버릇 대로 속이 시커먼 손장난이고
남들이 나를 일컫는 '나'는 진정 내 것이 아니어서
나는 내가 아닌데

'나'를 나인 듯 우려먹는 나는 타인이다

택시 타는 곳에 택시가 서지 않는다

택시 타는 곳에서 나는 기다리고
먼 발치서 택시는 서고
그 사람은 내리고 딴 사람이 탄다

택시 타는 곳은
제자리가 멀고
잡히는 대로 섰던 택시는
갈아태우고 다시 간다

북창동 뒷길, 분노가 파출소 문을 열고
– 소장 좀 만납시다
찐득한 입담들이 얼었는데
– 어디서 오셨습니까
침을 뱉고 싶은 낯짝들이 오버랩되고

'택시 타는곳'에서 나는 우물거리는데
택시는 멀찌감치 잡히고
남자가 서기도 하고 여자가 가기도 한다

숨 죽인 거리에 인격은 구걸의 수단이고
장충체육관에서 전두환이 대통령이다
'택시타는곳'은 택시 타는 곳이 아니고

택시 타는 곳은 '택시타는곳'이 아니다
잡히는 곳에 택시는 서고
내 발로 내가 서있어도 시퍼렇게 잡아갈까봐
그 사람이 내리고 내가 잡아야 하는데
'택시타는곳'에서 나는 택시 잡는 사람이 아니다

'택시타는곳'은 여전히 먼 발치에 서고
택시 잡는 거리의 취기가 비틀거린다
– 장충체육관 따따불

해가 말했던가

도는 김에 몇 바퀴 더 돌자고
수작을 부릴 수도 없다
매일 꼬리를 물고 돌고 돌아
연휴를 헤아리며 투정 부려 봐야
하루도 쉴 수가 없다는데
오늘이 지면 다시 뜨는 해가 아니랴
돌고 도는 게 업인데
엊저녁 돌던 대로 지금도 도는
해,
한 바퀴 돌아 공전하고
달력이 통째로 벽에 걸리는
새 해, 새해
그 해가 그해라는
말의 꼼수에 놀아나고
새로,
해가 뜨는
사이
새,
해가 되는 내일은
나이 먹은 '새'의 숫자가 솟으리니
해가 말했던가,
'새'의 날갯짓으로
미친듯이 돌고 또 돌자고

향기 없는 시간이 한가하다

넌 불편하겠지 이미 꺼진 배가 출출할 테니
난 편한데 말이야
뭔가 챙겨 먹을 궁리를 해야 하는데,
느지막한 아침이거든
좀 언짢겠지만 브런치가 아니라니까
적당한 시간에 또 먹을 거거든
아침 먹고 나면 머그잔 가득 커피를 내린다네
모락모락 김이 나는 머그잔이 그지없이 뿌듯하지
낡은 소파에서 발을 펴면 세월이 기지개를 켠다네
신문을 펴들고 커피를 아끼면 시간도 더디 간다는 걸 알고 있나
문밖의 베짱이도 소리를 죽이고 강아지들도 제풀에 졸고 있지
시간을 벌기 위해 머그잔은 깊이를 재기 시작하지만
커피는 향기를 버리지 않으려고 아등바등하거든
그렇잖겠는가
뜸들여 홀짝거리다가 커피를 구슬려야 한다니까
바닥이 들어나면 머그잔도 당황한다네 안 그렇겠나
넌 허기를 달래고 있겠지
이때 쯤
벌써 점심 다 먹었을까
나는 커피맛에 늘어지고

'시간의 향기'가 한껏 나를 곁눈질 하지
신문을 다 읽었다 싶으면
시간은 그 향기로 나를 위로한다네
섭섭해 하지 말라고 또 내일이 있지 않느냐고 말일세
너무 포근해서 탈이거든
그 한가함이 늘어진다니까
거, 왜, 있잖은가
차마 백수라곤 말 못하겠고…

* 시간의 향기Duft der Zeit : 한병철 지음, 김태환 옮김 문학과지성사.

플러싱의 밤이 취하다
— 혼돈 1

낯선 체취가 흥건한데
술병에 갇힌 뱀은
'관광열차'에서
허물 벗을 겨를도 없이
혀 꼬부러진 소리와 죽이 맞는다

알아들을 수 없는 말이
취기를 주고받는데
뱀은 영혼을 방목하고
병 안에 퍼질러 앉아
두껑 열린 몸으로 웃는다

밤은
술잔으로 해갈을 하는데

자유는 플러싱에서 여신이 아니고
술을 비우는 지폐가 신앙이다
플러싱의 체취를 셈하고
라과디아 공항을 떠나는 뱀은
속 쓰린 술병을 거슬러 받는다

문

— 혼돈 2

주는 것도
받는 것도 아니면서
에덴이 들락거리는
사랑은 바쁘다

문을 열지나 말지

덜된 봄이어도
꽃은 피고
며칠 후가 잔인한데
혼돈은
이브의 젖을 무는구나

어떤 문답
— 혼돈 3

아비가 아이에게 묻는다
–이담에 커서 무엇이 될꼬
아이가 아비의 입을 막는다
–쉿, 다 알아, 다 알아
비로소 아비는 헛 살았다는 것을 안다

꺼풀의 무게

— 혼돈 4

서울을 떠난 알몸은
두고 온 꺼풀을 부풀리고
이삿짐으로 잘난 무게를 잰다
속 빈 말을 서로 거래하고
비자카드로 허세를 긁기도 하는데
잘 포장 된 꺼풀은, 어쩌다
여기저기 뜯긴 비늘이 들통이 나고
저울의 눈금이 안면을 바꾼다

흔들리는 가을

시리면 시린 대로
있는 그대로
바람 끝에 매달린 풍경이
춥다

가지 마른 나무가 울어도
홀연히 견디던
잎,
어느새
떨어지고
서릿발을 이면
가을이 흔들린다

흔들바위에 오르는 길을 외면하고
— 서울기행 7

옥수수 익는 냄새에 슬쩍 얹힌
농담으로 설악이 저 혼자 요기를 하는데
봉우리마다 먼 산이고
사진 한 장이 발끝에 아찔하다네
밥내 늙은 굴뚝이 한가한데
허전한 가을 햇살이
케이블카를 타고 기슭에 오르면
힘에 겨운 계단이 가파르다네

여름 지난 절 마당은 텁텁하고
먹다 남은 식욕이 아쉬운 듯
목탁 없는 코스모스가 머쓱한데
통일대불의 번뇌는 녹이 슬었구나

어느 전각 앞뜰이 나른한,
못 속 연잎은 불심이 시들하고
곤드레밥집 나물 냄새가 구물거리는데
끼니 놓치기 싫은 이정표의 체력이
흔들바위에 오르는 길을 외면하는구나

산 골짜기 휘돌아 가는 해학이
아무 바위나 흔들어 보자고

산길 돌아선 허기를 달래는데
이른 가을이 잠 설치며
일껏 찾은 설악은 식욕만 허허롭다네
(2015년 9월, 설악산에서)

눈이 있는 여백

눈이 내리다

침묵으로
한 폭의 묵화를 그리는
새 한 마리
그리움 둥지에 두고
하늘을 날아서
날아서 희망을 메우는
날개 짓
화선지의 부푼 가슴을
누가 눈치채려나
눈이 날리는 여백엔
경계가 없다

보름엔 보름달 그래도

조지아 하늘에
보름엔 보름달
그래도,

돌담길 넘어
기억이 색깔로 열리고
가을 익는 냄새가
가지 끝에서 기웃거리는데
생각이 사뭇 멀다

조지아 하늘에도
보름에 기우는
달빛
그래서,

가까이 그리다
지운다

헛소리

언제 부턴가 입심 좋은 누군가 쉬지 않고
잘도 지껄이길래 덩달아 자리를 차고 일어나
배짱 좋게 입을 열어야 했는데 입은 열리지 않고
우스겟 소리 한마디 없이 진땀만 뻘뻘
여기저기 수근대고 눈쌀을 찌프리는데
하도 답답한 마누라 옆구리 쿡쿡치며 독촉해도
여전히 말은 나오지 않으니 벙어리 냉가슴
아이구 어쩌자고 기세 좋게 일을 저질 렀는지
아무리 후회한들 엎지러진 물인 것을 엣다 모르겠다
입을 열고 소리를 내느니 끄륵끄륵 가래 끓는 소리만
가득 담겼네
– 헛소리

해설

사잇길의 시학

반경환 철학예술가 · 『애지』 주간

사잇길의 시학

반경환 철학예술가 · 『애지』 주간

일찍이 니체는 “나무를 치명적으로 손상시키지 않고서도 타국의 신화라는 나무를 성공적으로 이식해낸다는 것은 불가능하다”라고 말한 바가 있지만, 자기가 태어난 나라를 떠나서 다른 나라에다가 둥지를 튼다는 것은 일생일대의 최고의 세계적인 사건이라고 할 수가 있다. 이주민과 원주민은 적대관계로 형성되어 있고, 따라서 자연스럽게 이주민은 원주민의 도덕과 풍습과 사법체계 아래 종속될 수밖에 없는 것이다. 언어도 다르고, 전통과 역사도 다르다. 피부색깔도 다르고, 이 세계를 바라보는 종교관이나 세계관도 다르다. 따라서 이주민은 원주민의 텃세와 풍습의 도덕 앞에서 너무나도 공손한 태도를 지니며, 그 이주민의 한을 극복하고 싶어하지만, 그러나 그 이주민의 한은 영원히 극복되지를 않는다. 가령, 예컨대, 김문성 시인은 조지아주 애틀란타에서 35년을 살았지만, 그러나 그가 미국시민권자라고 해서 미국인으로 동화된 것은 아니다. 그는 여전히 아시아의 조그만 나라, 즉, 한국에서 이민을 온 이방인에 지나지 않으며, 상류사회로의 신분이동이 정지된 자에 지나지 않는다. 다른 한편, 그의 조국인 한국에서도 그의 생각과 가치관은 미국식이며, 그는 미국으로 이민을 떠나간 자에 지나지 않는다. 이민자는 뿌리뽑힌 자이며, 영원한 경계인, 즉, '영원한 디아스포라'라고 할 수가 있다. 텃세는 영토싸움이며, 이 영토싸움에서 패배를 한다는 것은 동물이나 인간이나 일생일대의 최악의 위기라고 할 수가 있다.

추위가 한풀 꺾였다지만
바람이 시리다

길을 사이에 두고
얼굴을 맞댄 호수는
주고받는 대꾸가 쌀쌀하다
앰한 토씨가 거슬려서
말을 잇지 못하고
수면이 할퀸 물비늘은
해석이 분분하다

이파리 벗은 나무들 멀리
새소리가 차고
계절이 제 이름을 잊었는데
움츠린 두 호수 사잇길에
바람이 주춤거린다

—「Twin Lakes」 전문

김문성 시인의 「Twin Lakes」는 이방인의 한이 '사잇길의 시학'으로 승화되어 있다고 할 수가 있다. 추위가 한풀 꺾였다고는 하지만, 바람은 여전히 차고, 얼굴을 맞댄 호수는 주고 받는 말들이 여전히 쌀쌀하기만 하다. 바람이 여전히 차다는 것은 이주민을 둘러싼 세계의 기운이 되고, 두 호수간의 주고 받는 말들이 여전히 쌀쌀하다는 것은 서로가 서로의 관계를 인정하지 않는 불화의 관계라는 것을 뜻한다. 그 이유는 "앰한 토씨" 때문이고, 이 "앰한 토씨" 때문에, "수면이 할퀸 물비늘"이라는 시구에서처럼, 서로가 서로의 멱살을 움켜잡고 한바탕 싸움을 했던 것처럼 보인다. "앰한"이라는 말은 '애먼'이라는 말의 시적 변용일 것이고, 전혀 뜻밖에 일의 사태가 꼬여버린 것을 말한다. 이때에 그 싸움의 원인인 '토씨'는 다른 말들과의 문법적 관계를 도와주는 품사가 아니라, 서로간의 싸움의 원인을 제공해주었던 불화의 원인에 지나지 않는다.

김문성 시인의 '사잇길 시학'의 가장 핵심적인 주제는 '앰한 토씨'이고, 이 '앰한 토씨'가 이방인으로서의 그의 운명을 결정해버린다. 두 개의 호수 중, 하나는 미국적일 수도 있고, 다른 하나는 한국적일 수도 있다. 또한, 두 개의 호수 중, 하나는 그의 자아일 수도 있고, 다른 하나는 그의 또 다른 자아일 수도 있다. 미국인은 그에게 "여기는 미국이야. 미국에서 살려면 모든 한국적인 가치관을 버려야 돼"라고 말하고, 한국인은 "미국인과 한국인은 다같은 사람이야. 미국의 가치 못지 않게 한국적 가치도 소중하고, 당신들도 한국적 가치를 인정하지 않으면 안돼"라고 말한다. 하나의 자아는 "너의 자존심 따위는 버려야 해. 자존심 따위를 버리면 모든 일이 다 잘 되게 되어 있어"라고 말하고, 또 다른 자아는 "하늘이 무너져도 나의 자존심은 버릴 수가 없어. 나는 나 자신만의 길을 가야 돼"라고 말한다. 전자의 싸움은 문명과 문화의 충돌이 되고, 후자의 싸움은 자아와 자아의 싸움이 된다. 애먼 토씨는 사소한 문제일 수도 있지만, 이 사소한 문제가 일종의 '나비효과'처럼, 세계적인 사건으로 변모된다. 애먼 토씨 문제는 사소한 문제가 아니고, 세계적인 사건이고, 따라서 두 개의 호수는 영원히 화해할 수 없는 원수 관계를 형성하게 된다.

김문성 시인은 해방 직적 일제 식민시대에 태어났으며, 어린 시절 더없이 비참하고 혹독한 전쟁 체험을 몸소 겪은 바가 있다. "가마니 두 개를 잇댄 넓이로/ 굶주린 피난살이"(「이별은 온기없이 누웠다」)를 한 적도 있었고, 군부독재타도와 민주화운동의 열풍탓이었든지, 소위 민주화운동의 인사가 아니었는데도 "시경 외사과 형사"로부터 "잠재적 범죄자" 취급을 받게 되고, 1984년 그「더러운 봄」을 뒤로 하고, '아메리칸 드림'을 좇아서, 그토록 사랑하던 조국을 떠나가게 되었던 것이다.

하지만, 그러나 미국은 머나먼 타인들의 땅이고, 그 땅에서 그가 할 일이라고는 "야바위가 바람"을 잡고, "가짜가 진짜인 듯한" 삶을 살거나 "애비 없는 애를 밴 애"(「결핍의 오후」)처럼 "도시의 허기"(「도시의 허기」)를 베고 잠 드는 일일 수밖에 없었던 것이다. 땅이 바뀌고, 냄새가 바뀌고, 말이 바꼈다. 친구가 바뀌고, 오가는 정도 바뀌고, 바뀔 건 다 바뀌고, 해와 달만이 남았다. 그 결과, 가까스로 가난한 동네에 가게를 열었지만, 그들이 할 수 있는 일이라고는 부부 간에 말다툼을 하거나 파리채로 파리를 잡는 것뿐이었다. "비도 오고 눈도 오지만 남산도 없고 한강도 없고", "있어야 할 건 아무 것도 없는 답답한" 일상생활에서는 김 빠진 「푸념」만을 할 수밖에 없었던 것이다. "가발가게의 진열장엔/ 나를 증명할 아랫도리"(「가발가게의 마네킹은 아랫도리가 없다」)도 없고, "가을은/ 너와 나 사이에 공허하고/ 내가/ 노래할 가을"(「가을을 노래하지 마라」)도 없다.

이와 같이 이민자, 혹은 이방인으로서의 미국 생활이 그 문명과 문화적 충돌을 극복하지 못하고 너무나도 처참하게 패배를 하고 말았다면,

정부종합청사엔 제정신인 사람이 없고
세종문화회관엔 문화랄 게 없다
미국대사관엔 촘스키가 없고
아직도 서있는 이순신은 변함이 없고
뒷전에 밀린 세종은 말씀이 없고
교보문고엔 내 시가 있을 리 없다

길 건너 당주동엔 앞길 뒷길이 따로 없고
놀부부대찌개 집주인은 형제가 없다
아파트들이 높아서 인정머리가 없고
층계는 오르면 올라선 계층이 같을 리 없고
'광화문의 꿈'은 꿈이 없고
'경희궁의 아침'은 아침이 없고
영수녀석이 살던 아파트는 찾을 수가 없다

어딜가나 도떼기시장 아닌 곳이 없고
돈 놓고 돈 먹는 임자가 따로 없다
동대문시장은 싸구려 아닌 것이 없고
남대문시장은 뻥 아닌 것이 없고
신세계백화점은 성희엄마가 실속 없는 단골인데

남산은 오를 시간이 없고
한강은 유람할 돈이 없고
청계천은 혼자 걷자니 재미가 없고
숭례문은 가림막 속을 볼 수가 없는데
내 눈 한쪽은 뵈는 게 없다

—「광화문 언저리 —서울기행 4」 전문

라는, 「광화문 언저리」라는 시에서처럼, 그의 조국인 한국에서도 그는 어쩔 수 없는 이방인, 또는 경계인이라는 사실만을 확인하지 않으면 안 되었던 것이다.

정부종합청사엔 제정신인 사람이 없고, 세종문화회관엔 문화랄 게 없다. 미국대사관엔 촘스키가 없고, 아직도 서 있는 이순신은 변함이 없다. 뒷전에 밀린 세종은 말씀이 없고, 교보문고에는 내 시가 있을 리가 없다. '광화문의 꿈'은 꿈이 없고, '경희궁의 아침'은 아침이 없다. 어딜가나 도떼기시장 아닌 곳이 없고, 돈 놓고 돈 먹는 임자가 따로 없다. 동대문시장은 싸구려 아닌 것이 없고, 남대문시장은 뻥 아닌 것이 없다. 요컨대 미국에서도, 한국에서도 나의 탈을 쓴 나만 있을 뿐, 나를 증명해줄 나가 없는 것이다.

이방인은 뿌리 뽑힌 자이며, 그는 사회적으로 고립된 단 한 사람에 지나지 않는다. 공동체 사회 바깥에 있는 사람은 비참, 망명, 추방, 비명횡사로 생계를 이어가고 있는 사람이며, 공동체 사회의 근본 이념인 자유와 평등과 사랑과도 전혀 관련이 없는 사람에 지나지 않는다. 이방인은 자기 조국에서도 버림을 받았고, 그가 현재 살고 있는 나라에서도 버림을 받은 사람이다. 이러한 이중-삼중의 버림받음은 그 버림받은 세계에 대한 반격보다도 이내 자포자기적인 체념으로 주저앉게 되고 만다. 자포자기는 내가 나를 부정하는 존재론적 분열 사태로 이어지며, 그 구체적인 예는,

> 세상이 미쳤지,
> 둥글지 않아서 자전하지 않는 화폭은
> 모서리가 아찔하고
> 붓질마다 사각이 막혔다
> 벽에 걸린 하루가 지루하게 나를 소비하고
> 세월이 실컷 빈둥거리는데
> 무가지 몇 장으로 h마트 앞에서 앵벌이 하던가
> 빵집에 앉아 자판 두드리며 비럭질하던가
> 세상은 네모나고
> 나는 하릴없다

라는「세상은 네모다」와,

> 아비가 아이에게 묻는다
> -이담에 커서 무엇이 될꼬

아이가 아비의 입을 막는다
–쉿, 다 알아, 다 알아
비로소 아비는 헛 살았다는 것을 안다

라는「어떤 문답」을 그 예로 들 수 있을 것이다.

세상은 미쳤고, "둥글지 않아서 자전하지 않는 화폭은/ 모서리가 아찔하고/ 붓질마다 사각이 막혔다." "벽에 걸린 하루가 지루하게 나를 소비하고", "세상은 네모나고/ 나는" 할 일이 없다. "아비가 아이에게 묻는다/ –이담에 커서 무엇이 될꼬/ 아이가 아비의 입을 막는다/ –쉿, 다 알아, 다 알아/ 비로소 아비는 헛 살았다는 것을 안다."

이방인, 즉, 디아스포라의 유전인자는 더욱더 강력하고, 그 뿌리는 모든 사회적 천민의 혈통이 된다. '헛 살았다, 헛 살았다, 헛 살았다'는 이방인의 근본이념이 되고, 이 헛 살음의 사잇길에서, 그 진실됨으로 여우비같은 눈물을 흘린다. 여우비다. 여우비는 아름답고, 여우비는 김문성 시인의 '사잇길 시학'의 백미가 된다.

제 그림자 등에 업힌
구름이
해를 눙치는 잠시
지레 놀란 날씨가
찔끔,
오줌을 지린다
인연없이
지나치는 뜨내기 같이

언뜻,

여우비
그리고 햇살이다
—「여우비」 전문

한국인이면서도 미국인이고, 미국인이면서도 한국인인 그, 나이면서도 내가 아니고, 내가 아니면서도 나인 그, 비록, 언제, 어느 때나 세계의 중심에 서서 만인들의 찬양과 찬사를 받고 싶지만, 자기 자신의 뜻과는 정반대로 주변인으로 밀려난 그, 자아와 자아의 싸움을 조정하고, 언제, 어느 때나 이상적인 나로 우뚝서고 싶었지만, 어쩔 수 없이 존재론적 분열 때문에 자아의 정체성을 상실한 그—.

그는 오늘도, 그 어느 누구도 주목하지 않는 외롭고 쓸쓸한 길에서 알베르 카뮈의 이방인처럼, 화가 뭉크처럼, 또는 장 폴 사르트르의 로캉탱처럼 구토를 하며 절규를 하고 있는 것인지도 모른다.

김문성 시인의 '사잇길 시학'은 울음이고, 절규이며, 그 울음과 절규로서 '영원한 애먼 토씨' 문제를 토해내고 있는 것인지도 모른다.

김문성

김문성 시인은 1944년 만주 무순에서 태어났고, 서울고와 연세대학교 문과대 국문과 졸업했다. 성균관대학교 무역대학원 석사과정을 수료했고, 1997년『시문학』을 통해 등단했다. 연세대학교 한국어학당 한국말 강사, 미국 평화봉사단 한국말 강사, 극단 '관객' 대표로 소극장 활동(한국)을 했으며, 무역업과 무역회사를 운영했다. 도미후 자영업에 종사했으며, 애틀란타 한돌문학회, 애틀란타 연극동우회, 애틀란타 한국문인회 회장을 역임했으며, 현재 애틀란타에서 활동중이다.
김문성 시인의『Twin Lakes』는 이방인의 한이 '사잇길의 시학'으로 승화되어 있다고 할 수가 있다. '사잇길 시학'의 가장 핵심적인 주제는 '앰한 토씨'이고, 이 '앰한 토씨'가 이방인으로서의 그의 운명을 결정해버린다. 두 개의 호수 중, 하나는 미국적일 수도 있고, 다른 하나는 한국적일 수도 있다. 또한, 두 개의 호수 중, 하나는 그의 자아일 수도 있고, 다른 하나는 그의 또다른 자아일 수도 있다. '사잇길 시학'은 울음이고, 절규이며, 그 울음과 절규로서 '영원한 애먼 토씨' 문제를 토해내고 있는 것인지도 모른다.

이메일 : munkim302@gmail.com

김문성 시집

Twin Lakes

발　　행　2018년 6월 5일
지 은 이　김문성
펴 낸 이　반송림
편집디자인　김지호
펴 낸 곳　도서출판 지혜
　　　　　계간시전문지 애지
기획위원　반경환 이형권 황정산
주　　소　34624 대전광역시 동구 선화로 203-1, 2층 도서출판 지혜 (삼성동)
전　　화　042-625-1140
팩　　스　042-627-1140
전자우편　ejisarang@hanmail.net
애지카페　cafe.daum.net/ejiliterature

ISBN : 979-11-5728-277-7 03810
값 9,000원